Monsieur B

La vérité sur la vie de couple 2

Le retour

ALBIN MICHEL

Conception graphique : Luc Doligez
Mise en couleurs : Sophie Dumas

Première édition : © SEFAM, 2006

ISBN 978-2-226-17134-4

Introduction

1+1=1 !

DEPUIS QUE LE MONDE EST MONDE ET QUE LES HUMAINS EXISTENT, CES DERNIERS ONT TOUJOURS VOULU VIVRE EN COUPLE.
HOULÀ !... ACHÈTE-TOI UNE BROSSE, ADAM !!
BEUARK!
quoi encore ?

"OK !… Garçon, deux fois un demi !… hips !"

Annie Girardot

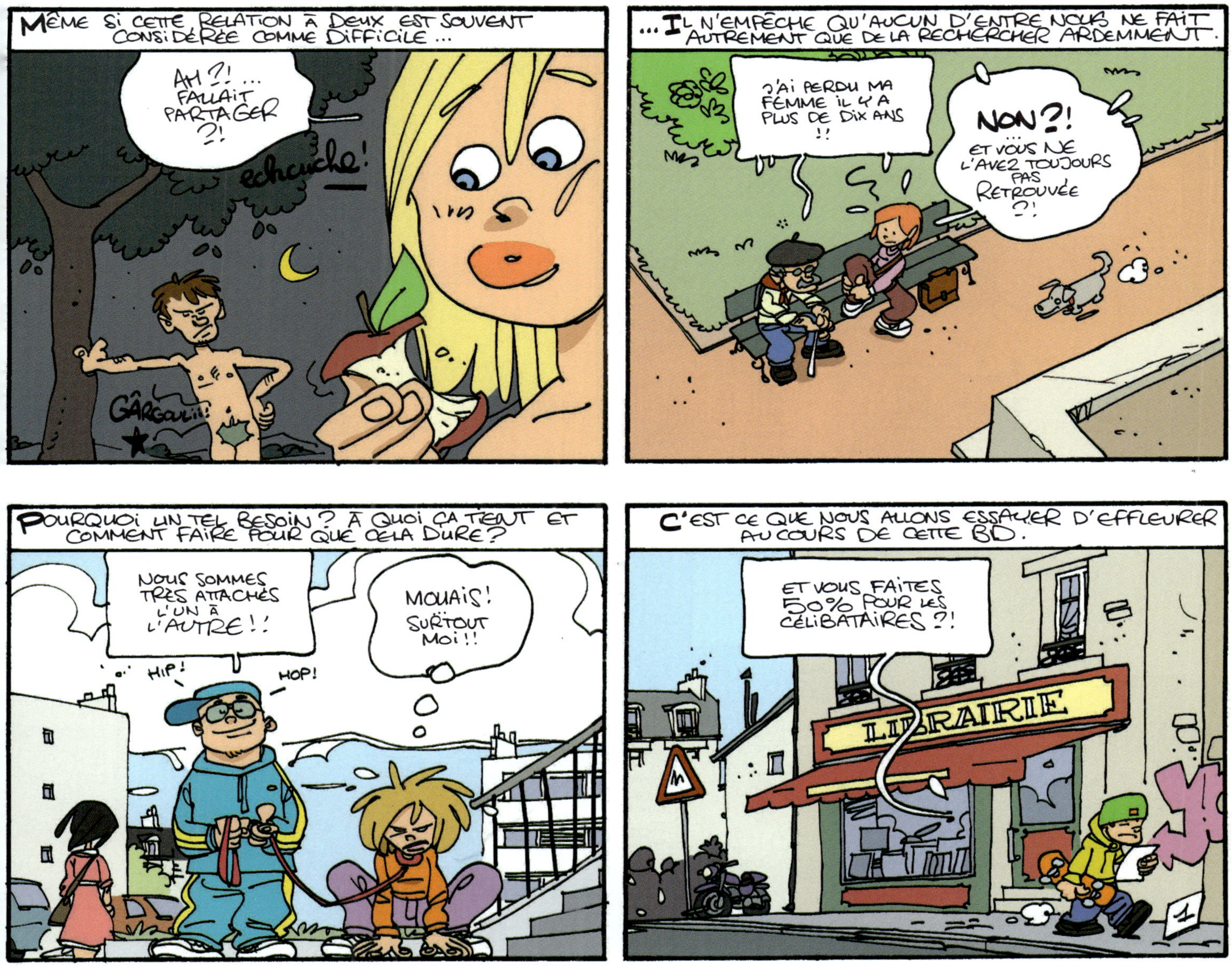

MÊME SI CETTE RELATION À DEUX EST SOUVENT CONSIDÉRÉE COMME DIFFICILE...
AH ?! ... FALLAIT PARTAGER ?!
echcuche!
GÂRGOULI!!
... IL N'EMPÊCHE QU'AUCUN D'ENTRE NOUS NE FAIT AUTREMENT QUE DE LA RECHERCHER ARDEMMENT.
J'AI PERDU MA FEMME IL Y A PLUS DE DIX ANS !!
NON ?! ... ET VOUS NE L'AVEZ TOUJOURS PAS RETROUVÉE ?!
POURQUOI UN TEL BESOIN ? À QUOI ÇA TIENT ET COMMENT FAIRE POUR QUE CELA DURE ?
NOUS SOMMES TRÈS ATTACHÉS L'UN À L'AUTRE !!
MOUAIS ! SURTOUT MOI !!
HIP!
HOP!
C'EST CE QUE NOUS ALLONS ESSAYER D'EFFLEURER AU COURS DE CETTE BD.
ET VOUS FAITES 50% POUR LES CÉLIBATAIRES ?!
LIBRAIRIE
1

Pourquoi vouloir vivre en couple ?

Toi et moi

“Pour la vie ?”

Les sœurs siamoises

CERTES, ON PEUT VRAIMENT SE DEMANDER POURQUOI L'HOMME ACCORDE UNE IMPORTANCE SI CAPITALE À VIVRE À DEUX...
CHÉRI ? ON FAIT COMMENT POUR LE LOYER ?!

...ET À RÉUSSIR CETTE VIE COMMUNE.
ON N'A QU'À SE L'FAIRE AU BRAS D'FER !!
... HEIN, PUPUCE ?
...
QUE SOUS-ENTEND CE BESOIN ? POURQUOI CERTAINS PASSENT LEUR TEMPS À CHERCHER L'ÂME SOEUR SANS LA TROUVER...
CERTES ! FAUDRAIT CREUSER !!
...ALORS QUE D'AUTRES EXCELLENT DANS LE DOMAINE ?
M'ENFIN QU'EST-CE QU'ELLE A DE PLUS QUE MOI ?
VINGT ANS DE MOINS !!
D'APRÈS LA PSY, L'ÊTRE HUMAIN CHERCHE À RETROUVER DANS LA RELATION CONJUGALE UNE SITUATION PSYCHO-AFFECTIVE QU'IL A DÉJÀ CONNUE.
HOULA, T'AS ÉTÉ ÉLEVÉ AU BIBERON, TOI !!
?!

Pourquoi vouloir vivre en couple ?

La répétition

"C'est la ga, gaga.. la ga… la galère !!"

Vincent Lindon

EN PARTANT DU PRINCIPE QUE LES HOMMES ET FEMMES ONT TENDANCE À VIVRE LEUR VIE AFFECTIVE DE FAÇON RÉPÉTITIVE...
TIENS, DIMANCHE MIDI ON EST INVITÉ CHEZ MES PARENTS !!

...ILS RÉPÉTERONT DANS LEUR COUPLE CE QU'ILS AURONT APPRIS ENFANT, ADOLESCENT...
OUAIS !... BEN C'EST CELUI QUI DIT QUI Y EST !!
(D'ABORD !)
PFFF !
...
...MAIS AUSSI DURANT LEUR PÉRIODE DE GESTATION.
VOUS ALLEZ ÊTRE EXPULSÉS !!
UNE EXPULSION AVANT LES CONTRACTIONS ? IMPOSSIBLE !!
N'OUBLIONS PAS QUE L'ÊTRE HUMAIN PASSE LES PREMIERS MOMENTS DE SA VIE DANS LE CORPS DE SA MÈRE.
?!
NON, C'EST OCCUPÉ !
VOILÀ LA SITUATION DE SYMBIOSE, D'OSMOSE, QU'IL CHERCHERA À RECRÉER PAR LA SUITE.
ALLÔ, MON POUSSIN, TU FAIS QUOI CE SOIR ?
M'ENFIN, M'MAN !!
3

Pourquoi vouloir vivre en couple ?

Retour aux sources

“D’ac-o-d’ac !”

Manon

LA RELATION DE COUPLE VIENT DONC SATISFAIRE UN BESOIN ESSENTIEL PAR LE RETOUR À UN ÉTAT FUSIONNEL AVEC UN AUTRE ÊTRE HUMAIN.
SAIS-TU CUISINER LE PAIN PERDU À LA FAÇON BONNE MAMAN ?!
?!

D'OÙ L'IMPORTANCE DE CETTE PÉRIODE DE GESTATION.
N'ÉCOUTE PAS LES BÊTISES DES MÂLES, MA CHÉRIE !!
SI LA GROSSESSE SE PASSE BIEN, LE FOETUS DEVENU ADULTE RECHERCHERA SON CONJOINT À PARTIR D'UN SENTIMENT POSITIF.
QUI SE RESSEMBLE, S'ASSEMBLE !!
ET VIVE MA "BELLE" FAMILLE !!
ALORS QU'À L'INVERSE, LE CÔTÉ FUSIONNEL LUI SEMBLERA ÊTRE LIÉ AU DÉFAVORABLE ET NÉGATIF.
AÏE LOVE YOU
LES EXTRÊMES S'ATTIRENT !
MM, MM !!
VOILÀ POURQUOI CERTAINES PERSONNES ONT TANT DE DIFFICULTÉS À S'UNIR SEREINEMENT.
Je t'aime !!
MOUAIS !... TU POURRAIS ME RÉPÉTER ÇA DEVANT UN DÉTECTEUR DE MENSONGES ?!
4

Pourquoi vouloir vivre en couple ?

Incon-tournable destin

"Fallait s'y attendre !"

Nostradamus

VOULOIR VIVRE EN COUPLE EST UN ROUAGE ESSENTIEL DE LA DYNAMIQUE HUMAINE.
PIS AU TENNIS, MIEUX VAUT ÊTRE DEUX !!
?

RÉUSSIR À COMBLER CE BESOIN, C'EST S'OUVRIR LA PORTE DE LA JOIE ET DU BONHEUR.
ON VA EN BOÎTE ?
POURQUOI ? Y A PLUS BESOIN !!
POUR CE FAIRE, IL FAUT SEULEMENT SE RENDRE COMPTE QUE LES AUTRES SONT NÉCESSAIRES À NOTRE DÉVELOPPEMENT.
J'COMPRENDS PAS, J'ENVOIE POURTANT TOUT PLEIN DE CARTES POSTALES !!
SI NOUS ACCEPTONS QUE LA FUSION EST LE FONDEMENT DU COUPLE ET QU'ELLE RÉPOND À UN BESOIN SPONTANÉ ET MAJEUR...
HAAA !!... IL ÉTAIT TEMPS QUE J'TE RENCONTRE ! J'EN AVAIS ASSEZ DES CRAMPES AU POIGNET !!
?!
...ON PEUT AUSSI MAINTENANT SE DEMANDER QUEL PEUT EN ÊTRE LE "CIMENT" ?
UN COLLIER ? IL EST, EUH... SPÉCIAL !
SPÉCIAL, TU L'AS DIT ! C'EST UN COLLIER DE RAPPEL !!
HEUREUSE ?
C'EST PAS DONNÉ... MAIS QUAND ON AIME, BLA BLA
5

XXIe siècle

"Déjà ?"

Jeanne Calment

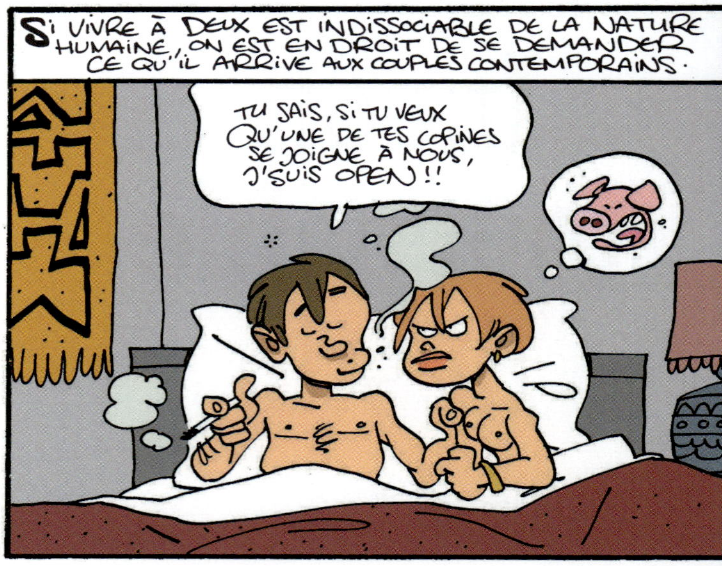
SI VIVRE À DEUX EST INDISSOCIABLE DE LA NATURE HUMAINE, ON EST EN DROIT DE SE DEMANDER CE QU'IL ARRIVE AUX COUPLES CONTEMPORAINS.
TU SAIS, SI TU VEUX QU'UNE DE TES COPINES SE JOIGNE À NOUS, J'SUIS OPEN !!

EN EFFET, LES HOMMES ET LES FEMMES D'AUJOURD'HUI SEMBLENT ÉPROUVER DE PLUS EN PLUS DE DIFFICULTÉS À VIVRE ENSEMBLE
belle jeune fille intelligente cherche sosie Brad Pitt...
...ou George Clooney, faut pas faire sa difficile !!
CERTES, LE PAYSAGE FAMILIAL A BEAUCOUP CHANGÉ CES DERNIERS TEMPS.
SACHANT QUE PAUL A UNE DEMI-SOEUR, DEUX DEMI-FRÈRES ET UNE SOEUR, COMBIEN DE COUVERTS DOIT-IL METTRE POUR LE REPAS ?
LES FEMMES SE SONT DÉBARRASSÉES DE LEUR RÔLE DE COMPAGNE SOUMISE...
TIENS !... JOYEUX NOËL !!
?!
...ET BON NOMBRE D'HOMMES N'ONT PAS SAISI LA LÉGITIMITÉ DE CETTE ÉVOLUTION.
DZUUUU !!
HOULÀ ! HOULÀLA !!

L'Amour avec un grand "A"

"Et la BD avec un gros « B » !"

Monsieur B

AU FIL DES ANS, LES REPÈRES SOCIAUX QUI AIDAIENT À MAINTENIR LA COHÉSION DU COUPLE SE SONT ESTOMPÉS.
OUAIS, BEN DE MON TEMPS, C'EST LE GARS QUI PORTAIT LA CULOTTE!
?!

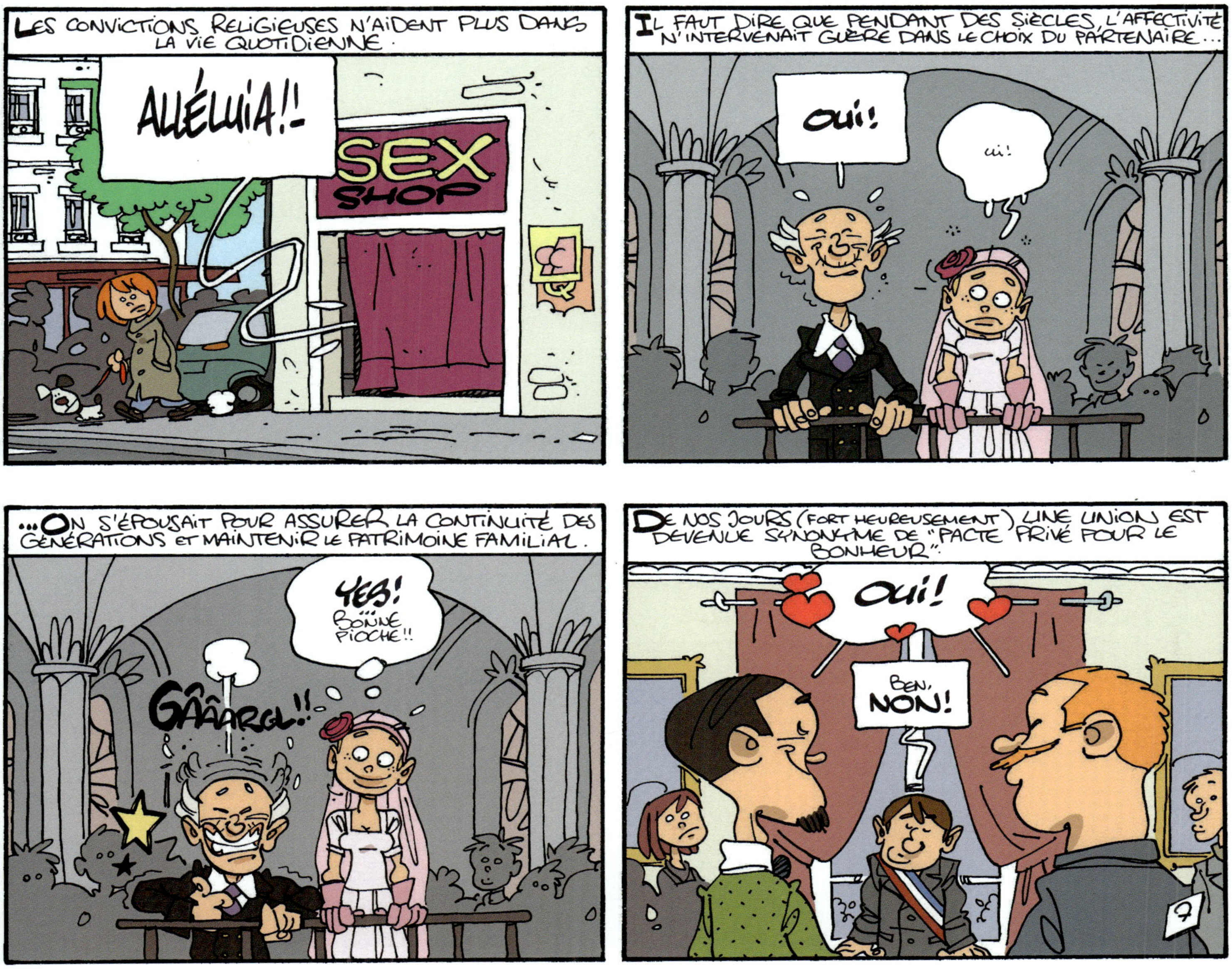
LES CONVICTIONS RELIGIEUSES N'AIDENT PLUS DANS LA VIE QUOTIDIENNE.
ALLÉLUIA!!
SEX SHOP
IL FAUT DIRE QUE PENDANT DES SIÈCLES, L'AFFECTIVITÉ N'INTERVENAIT GUÈRE DANS LE CHOIX DU PARTENAIRE...
OUI!
ui!
...ON S'ÉPOUSAIT POUR ASSURER LA CONTINUITÉ DES GÉNÉRATIONS ET MAINTENIR LE PATRIMOINE FAMILIAL.
YES! BONNE PIOCHE!!
GÂÂARGL!!
DE NOS JOURS (FORT HEUREUSEMENT) UNE UNION EST DEVENUE SYNONYME DE "PACTE PRIVÉ POUR LE BONHEUR".
OUI!
BEN, NON!
7

Comme à la télé

"Les feux de l'amour, vous connaissez ?"
La torche humaine

DANS NOTRE SOCIÉTÉ, L'IMAGE DE L'AMOUR EST IDÉALISÉE, CELLE DE LA RUPTURE BANALISÉE.
PRESSE
EXCLUSIF
DJOHNNY DIVORCE!
AKE
DJOHNNY SE REMARIE!!
IL A RETROUVÉ LA BANANE

LES ATTENTES À L'ÉGARD DE LA VIE CONJUGALE SONT CONSIDÉRABLES...
ZZZ!!
...ET C'EST SANS DOUTE CE QUI LA REND SI FRAGILE.
BALLOTÉS DU RÊVE À LA RÉALITÉ, LES AMOUREUX SONT SOUVENT DÉCONCERTÉS PAR LES ALÉAS DE LA VIE À DEUX.
C'EST BON, TU PEUX Y ALLER!!
WC
SNIF
SNIF!
DANS UN COUPLE, LES CONFLITS SONT INÉVITABLES. LE DIALOGUE INDISPENSABLE.
IMPECCABLE, GRÂCE À SON "EX" J'PEUX ÉCRIRE "SEXE" SUR MOT COMPTE TRIPLE!!

Tensions sous-jacentes

"Croyez-moi, un bon bain vous calmera !"

Claude François

LES "PRISES DE BEC" ENTRE CONJOINTS SONT UNE SORTE DE SIGNAL D'ALARME...
TIENS, PASSE-MOI L'BEURRE !
QU'EST-CE QUE TU SOUS-ENTENDS PAR LÀ ?
TOI

...UN SIGNAL D'ALARME QUI IMPLIQUE UN PROBLÈME, PROBLÈME QU'IL VA FALLOIR RÉSOUDRE.
BEN, RIEN ! IL EOU L'BEURRE ?!
AU SUPERMARCHÉ, SI TU VOIS C'QUE J'VEUX DIRE !!
TOI

REFUSER L'EXISTENCE D'UNE DISPUTE REVIENDRAIT À DIRE QUE LES PARTENAIRES REFUSENT DE VOIR LA VÉRITÉ EN FACE...
BELLE-MAMAN !!... QUELLE "BONNE" SURPRISE !!
J'PASSAIS DANS L'COIN, ALORS J'ME SUIS DIT...
NORMAL ! VOUS HABITEZ JUSTE AU-DESSUS !!
DILONG !
YO

...QU'ILS VIVENT DANS LE MENSONGE.
QUEL DOMMAGE QUE J'DOIVE Y ALLER... UN RENDEZ-VOUS BOULOT DE DERNIÈRE MINUTE !!
UN DIMANCHE ? À C'T'HEURE ? ... ENFIN, LE PRINCIPAL C'EST QU'T'AS FINI PAR TROUVER DU TRAVAIL !!
YO

AVANCER LES YEUX FERMÉS NE MÈNE JAMAIS BIEN LOIN !
ET LÀ ?
TU CHAUFFES !!

Un mécanisme diabolique

"Qui s'y frotte s'y pique !"

Le sida

IL Y A TOUJOURS, À L'ORIGINE D'UN CONFLIT, UN SENTIMENT DE FRUSTRATION...
PFOUUU !... FAIRE LES SOLDES, C'EST CREVANT !!
FACTURES

...SUIVI D'UN ACTE AGRESSIF À L'ÉGARD DU CONJOINT...
BEN QUOI ? TU N'APPRÉCIES PLUS MON CÔTÉ GRAND FAUVE ?!!
TU M'CAUSES PLUS ?
...AFIN DE PROVOQUER UN CHANGEMENT CHEZ L'AUTRE, DE RÉSOUDRE LA FRUSTRATION INITIALE.
ALLÔ, LA BANQUE ?! CE SERAIT POUR FAIRE OPPOSITION SUR QUELQUES RÉCENTES DÉPENSES !
...PIS AUSSI RÉSILIER LE COMPTE COMMUN QUE J'AVAIS SOUSCRIT !!
L'AGRESSIVITÉ EST UN ACTE QUASI INSTINCTIF, IMPULSIF, ANIMAL.
VIENS VOIR, BOBONNE, FAUT QUE J'TE PRÉSENTE À MON EX.
IL VA DONC FALLOIR SONGER À CREUSER PLUS PROFOND POUR CERNER LE MAL. ÊTRE CAPABLE POSÉMENT DE L'EXPLIQUER AVEC DES MOTS.
S'IL M'AVAIT OFFERT UN LAVE-VAISSELLE, ON N'EN SERAIT PAS LÀ !

Une soupape de sécurité

"Vous parlez de la papamobile ?"

Benoît XVI

CHAQUE DISPUTE QUI SE VIT DANS UN COUPLE PEUT ÊTRE POUR LES PARTENAIRES UN MOYEN DE MÛRIR...
SUPER !... ON VA POUVOIR CHANGER DE VAISSELLE !!
BLENG !
BENG !!

... DE REMPLACER SES ATTITUDES NON ADAPTÉES PAR DES ATTITUDES PRODUCTRICES, CRÉATRICES ET AUTONOMES.
EN FIN D'COMPTE, C'EST TOI QUI AVAIS RAISON !
NON, C'EST TOI, MA BIBICHE !
PURÉE, TU M'CHERCHES ? PUISQUE J'TE DIS QU'C'EST TOI !!
...
NE CRAIGNEZ DONC PAS LES CONFLITS, NE CHERCHEZ PAS À LES ÉVITER...
PAS CHICHE !!
... ILS PEUVENT ÊTRE CONSIDÉRÉS COMME LE DÉBUT DE LA SOLUTION À UN PROBLÈME.
AAHH !... ENFIN SEUL !!
BIEN ENTENDU, TOUTE FORME DE PERVERSION OU DE VIOLENCE DOIT ÊTRE PROSCRITE.
POIS CHICHES ?
11

Rester sur le sujet

"Quand j'ai dit non, c'est non !"

Oui-Oui

Si dans votre couple une dispute éclate, essayez d'éviter qu'elle ne s'envenime.
Ouaip !... Ben t'es bien comme ta mère, toi !!
Laisse ma mère tranquille, tu veux ?!!

Commencez par cerner le problème en dédramatisant, en trouvant des compromis.
OK !... Mais pour plus qu'j'y pense, faudrait qu'j'la voie moins souvent !!
Chuuut !! ... Si ça s'trouve, elle nous écoute derrière la porte...
Seulement attention, si c'était "la goutte d'eau qui a fait déborder le vase"...
Super !... On part en voyage ?!
...Cela signifie qu'il est urgent d'ouvrir une discussion sur ce qui a été refoulé.
M'enfin, c'est à cause de moi qu'tu m'quittes ?!
À ton avis ?
Dans ce cas, il est souvent nécessaire d'accepter l'aide et les conseils d'un spécialiste.
Bah !... Mieux vaut comme ça que de rester cocu toute sa vie !!
Hum ?
?!

Apaisons les tensions

Ne pas chercher à blesser

“Oups !”

Mike Tyson

IL ARRIVE SOUVENT QU'UN DES DEUX BELLIGÉRANTS "PROFITE" DE LA SITUATION POUR ÉCRASER L'AUTRE VERBALEMENT.
ENCORE AU TÉLÉPHONE ?! T'ES VRAIMENT UNE

ERREUR : MORTIFIÉE LA VICTIME NE VOIT PAS EN SON CONJOINT UN ÉRUDIT MAIS PLUTÔT UN ABRUTI.
NE QUITTEZ PAS, JE VOUS L'PASSE ! ... TIENS, C'EST L'ASSISTANTE SOCIALE !!
AH ?! SUPER !!
PARFOIS IL S'AGIT DU FAIT D'AVOIR TORT ET DE NE PAS VOULOIR LE RECONNAÎTRE...
NE M'DIS PAS QU'T'AS PAS OBTENU TON AUGMENTATION !!
!
...QUI POUSSE À VOULOIR BLESSER PLUTÔT QUE CHERCHER À RÉPARER.
HEUREUSEMENT QU'J'AI RIEN ACHETÉ POUR TOI !!
BON À RIEN, VA !!
BREF : LA HAINE ENGENDRE LA HAINE, ON RÉCOLTE CE QUE L'ON SÈME, ETC.
T'INQUIÈTE, Y EN A D'AUTRES DES NANAS
OUAIS, MAIS LA MIENNE S'EST BARRÉE AVEC MA BAGNOLE !!
BAR
des Ami

Un passé à dépasser

"… et ce sera plus que parfait !"

Maître Capello

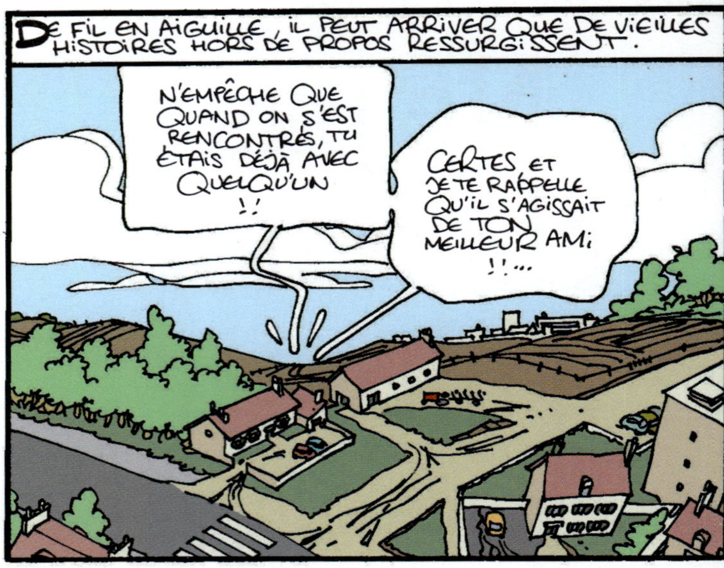
DE FIL EN AIGUILLE, IL PEUT ARRIVER QUE DE VIEILLES HISTOIRES HORS DE PROPOS RESSURGISSENT.
N'EMPÊCHE QUE QUAND ON S'EST RENCONTRÉS, TU ÉTAIS DÉJÀ AVEC QUELQU'UN !!
CERTES ET JE TE RAPPELLE QU'IL S'AGISSAIT DE TON MEILLEUR AMI !!...

CE QUI EST FAIT EST FAIT, VIVEZ PLUTÔT LE PRÉSENT ICI ET MAINTENANT...
...BON, ET SI ON PASSAIT À AUTRE CHOSE? RETIRE TON PANTALON !!
HEIN? TU CROIS QU'C'EST L'MOMENT DE PENSER À FAIRE UNE LESSIVE?!!
...VOICI LE MOYEN LE PLUS SIMPLE DE S'OFFRIR UN FUTUR SOURIANT.
ENCORE ?
AAH MOUII!!
VOUS AVEZ ACCEPTÉ DE LAISSER DERRIÈRE VOUS LE PASSÉ...
ALORS, HEUREUX ?!
MOUAIS! ...
...BRAVO! LA TOLÉRANCE DONT VOUS VENEZ DE FAIRE PREUVE RAJOUTE À VOTRE GRANDEUR.
N'EMPÊCHE QUE J'ME DEMANDE BIEN AVEC QUI T'AS APPRIS TOUT ÇA !!

Apaisons les tensions

Histoire de bon sens

"Le sens unique !"

Dieu

D'AUTRES RÈGLES SONT AUSSI À RESPECTER POUR RÉUSSIR À RÉSOUDRE UN CONFLIT ENTRE CONJOINTS.
BON, LES JOURS FINISSANT EN "i" TU T'OCCUPES DE LA BOUFFE ET LE DIMANCHE JE T'EMMÈNE AU RESTO !!

IL FAUT SAVOIR ÉCOUTER, RÉPONDRE AVEC DES MOTS JUSTES...
mon !
QUOI, "NON" ?! TU VEUX QU'ON TIRE À PILE OU FACE ?
...ÊTRE LOYAL, SPONTANÉ, NE PAS ATTENDRE QUE L'AUTRE VOUS DEVINE...
OK !
BON, PILE JE GAGNE ET FACE, TU PERDS !!
TING
...ACCEPTER DE PERDRE, TOLÉRER LA DIFFÉRENCE.
PAS D'CHANCE !... J'AI ENCORE GAGNÉ !!
AARGH, ZUT !... HEUREUSEMENT QU'AVEC MON AMANT ÇA N'ARRIVE JAMAIS !!
HO, HO, QUEL MANQUE DE CUL !!
NE RIEN AVOIR À SE REPROCHER SERA PRÉFÉRABLE POUR ABORDER SEREINEMENT TOUTE RELATION.
TU M'AIMES ?!
MAIS OUI ! J'LE JURE SUR LA VIE DE TA MÈRE !!
15

Que recherchent les hommes ?

"Un bon lave-vaisselle !"

Arthur Martin

À LA QUESTION "QU'ATTENDEZ-VOUS D'UNE VIE DE COUPLE ?", LA GENT MASCULINE A RÉPONDU : ...
BEN DÉJÀ D'TROUVER UNE NANA ... QUI S'PASSIONNE POUR LE MODÉLISME DE PRÉFÉRENCE !!
... PIS AUSSI LES JEUX D'RÔLE !!

À 40% = BÂTIR, ÊTRE DEUX FACE AUX RESPONSABILITÉS, GRANDIR ENSEMBLE.
OUAIS, QU'ELLE SACHE REMPLIR LES FORMULAIRES D'IMPÔTS ET DE SÉCU !
COMME MAMAN !
À 30% : NE PAS ÊTRE SEUL, COMBLER UN VIDE.
NO PROBLEMO ! J'VEUX BIEN SERVIR DE "BOUCHE-TROU" !!
HA, HA ! SUBTIL !!
HÉ, HÉ !... HUMOUR DRÔLE !!
À 20% : ÊTRE AIMÉ, TROUVER DE LA TENDRESSE.
POURQUOI PAS ! ELLE ME PRÉPARERAIT UN PLATEAU TÉLÉ LES SOIRS DE FOOT SUR CANAL !!
AVEC MES POTES, QUOI !!
À 10% : SATISFAIRE SA SEXUALITÉ.
YES !... À 100% !!
LA VÉRITÉ !
16

Le couple et ses différences

Que recherchent les femmes ?

"Alain Delon !"

Alain Delon

L'ÉQUATION D'UNE VIE À DEUX EST QUELQUE PEU DIFFÉRENTE POUR LA FEMME. EN EFFET : ...
DÉJÀ EN TROUVER UN PAS TROP CON !
JE SAIS, J'SUIS EXIGEANTE !!

À 40% : ELLE DÉSIRE ÊTRE AIMÉE, PARTAGER ÉMOTION ET TENDRESSE.
QU'IL ME COUVRE DE CADEAUX AVANT MÊME QUE J'LUI DEMANDE !! ...
DES TRUCS HORS DE PRIX !
BODOM BODOM
À 30% : BÂTIR UNE VIE DE FAMILLE, TROUVER UNE SÉCURITÉ MATÉRIELLE.
... PIS QUI SACHE RÉPARER LES TOILETTES !
QU'IL SOIT UTILE !
À 20% : AVOIR UN COMPAGNON, UN PARTENAIRE, QUELQU'UN AVEC QUI COMMUNIQUER.
MAIS QU'IL ME LAISSE QUAND MÊME CAUSER DES HEURES À MES COPINES !
QUE LES FACTURES TÉLÉPHONIQUES SOIENT À SON NOM !
À 10% : NE PAS ÊTRE SEULE.
BAH ! DE TOUTE FAÇON, CE SOIR, JE SORS !!
ET PAS AVEC UN RINGARD COMME CELUI D'LA PAGE À CÔTÉ !!
BÂ BÊP !
17

Le couple et ses différences

Des aspirations qui divergent

"Verge !"

Rocco Siffredi

NOUS VENONS DE LE VOIR, LES FACTEURS PRIORITAIRES D'UNE VIE DE COUPLE NE SONT PAS LES MÊMES SUIVANT LE CONJOINT.
BON, ON SORT ?

LES FEMMES VEULENT AVANT TOUT VIVRE DES SENTIMENTS...
LOVE STORY
BOF !... ET SI ON S'FAISAIT PLUTÔT UN RESTO PLANTUREUX ?
...ALORS QUE LES HOMMES PRÉFÈRENT L'ACTION.
BRUCE LEE
BOF !... ET SI ON S'FAISAIT PLUTÔT UN RESTO EN AMOUREUX ?
IL EST ÉGALEMENT INTÉRESSANT DE CONSTATER QUE LES FEMMES NE PARLENT PAS DE SEXUALITÉ...
T'AS PAS L'AIR D'AVOIR MAL À LA TÊTE, HEIN ?!
ELLE
LUI
...ET ONT BEAUCOUP MOINS D'APRÉHENSION DANS LE FAIT DE VIVRE SEULE.
TU LE SAIS BIEN : "MIEUX VAUT VIVRE SEULE QUE MAL ACCOMPAGNÉE" ...
EN PARLANT DE ÇA, TU FAIS QUELQUE CHOSE CE WEEK-END ?!
18

Le couple et ses différences

Histoire de pouvoir

"Ça m'fait pas peur !"

Nicolas Sarkozi

DES DIFFÉRENCES ENTRE LES CONJOINTS NAÎT UNE "CHIMIE", "CHIMIE" QUI TANT QU'ELLE OPÈRE MAINTIENT LE COUPLE EN VIE.
ALLÔ, T'ES OÙ ? J'AI OUBLIÉ MES CLÉS !!
BON, OK ! J'FAIS LES COURSES EN ATTENDANT !!

CET ÉQUILIBRE PLUS OU MOINS STABLE S'APPLIQUE ÉGALEMENT SUR LA QUESTION DU POUVOIR AU SEIN MÊME DU MÉNAGE.
AARGH, ZUT ! C'EST MA FEMME QU'A LA CARTE BLEUE !!
QUI DE L'HOMME OU DE LA FEMME EST LE PATRON ?
CELUI QUI TIENT LES RÊNES, CONTRÔLE-T-IL TOUS LES DOMAINES ?
ALLEZ, OUSTE, À LA MAISON !!
m'enfin, mimine !!
LA FAMILLE EST UN LIEU OÙ S'EXERCENT DE NOMBREUSES FORMES DE POUVOIR.
POUR LES MATHS, TU DEMANDES À TON PÈRE !!
mais, c'est lui qui m'envoie !!

Les « chefs » de famille

À chacun sa tâche

“Moi j’en ai un paquet !”

Un Dalmatien

COMPRENONS, NOUS PARLONS ET NE PARLERONS ICI QUE DE COMPLÉMENTARITÉ...
BONJOUR !... JE VOUS PRÉSENTE MA MOITIÉ !
enchantée !

...CHACUN ASSUMANT SES "DEVOIRS" EN FONCTION DE SES APTITUDES.
BON, TU VAS FAIRE LES COURSES QUE J'PUISSE BOIRE UNE BIÈRE !!
tout d'suite, minou !!
BIEN ÉVIDEMMENT, RIEN N'INTERDIT À UN HOMME DE FAIRE LA VAISSELLE OU DE S'OCCUPER DE LA MAISON.
T'AS VU ? J'AI FAIT UNE LESSIVE !!
JE VOIS !
TOUT COMME UNE FEMME PEUT S'INTÉRESSER À L'ÉLECTRICITÉ OU DESCENDRE LES POUBELLES.
T'AS VU ? J'AI TOUJOURS PAS RÉPARÉ LES TOILETTES !!
?!
UN COUPLE SE DOIT DE PARTAGER AUSSI BIEN LE BON QUE LE MAUVAIS. TANT QU'IL N'Y AURA PAS D'ABUS, IL NE DOIT PAS Y AVOIR DE TENSIONS.
POUR LE MEILLEUR !!
...ET POUR LE PIRE !!

Les « chefs » de famille

La vie domestique

"Homme, sweet homme !"

Pascal Sevran

LA RÉPARTITION DES TÂCHES À LA MAISON EST EN GÉNÉRAL BIEN ACCEPTÉE DANS LA MESURE OÙ CELUI QUI A LA CHARGE D'UN DOMAINE SE RÉVÈLE COMPÉTENT.
ALLÔ, S.O.S. PIZZA ?!...

LES PROBLÈMES COMMENCENT DÈS QUE L'UN A L'IMPRESSION QU'IL S'Y PRENDRAIT MIEUX QUE L'AUTRE.
AAARGH!! ... MAIS T'AS TONDU TOUTES MES FLEURS !!
Ah ?!... c'était pas des mauvaises herbes ?!
IL PEUT AUSSI Y AVOIR DES DIFFICULTÉS QUAND L'UN DES CONJOINTS, SURCHARGÉ PAR SON TRAVAIL, NE SE SENT PAS SECONDÉ.
PUNAISE ! J'AURAIS JAMAIS DÛ LUI OFFRIR UN ASPIRATEUR !!
TUIIIIIUUUUU !
MAIS LES CONFLITS DEVIENNENT SURTOUT GRAVES QUAND LA RÉPARTITION DES TÂCHES EST VÉCUE COMME UNE DÉCISION UNILATÉRALE...
SURPRIIISE !!... J'AI INVITÉ TOUTE MON ÉQUIPE DE RUGBY ! ... LA TABLE N'EST PAS MISE ?!
BIBICHE ?
...L'AUTORITÉ DE L'UN S'IMPOSANT ABSOLUMENT À L'AUTRE.
BON, BEN, ROBERT, J'CROIS QU'ON VA DEVOIR ALLER GUEULETONNER CHEZ TA MEUF !!
Adieu ! Bibiche

Les « chefs » de famille

L’emploi du temps

“J’suis over-booké pour un bail !”

Bertrand Cantat

CE N'EST PAS PARCE QU'ON VIT EN COUPLE QU'ON EST OBLIGÉ DE TOUT PARTAGER, DE VIVRE COLLÉ L'UN À L'AUTRE.
ALLÔ ?! T'ES OÙ ?!
AUX TOILETTES !!

... AVOIR SA "LIBERTÉ" PERMET AUSSI DE MIEUX SE RETROUVER.
va cuver sur le canapé !!
! HIPS !
ATTENTION : LA TÉLÉVISION PEUT GÂCHER VOS RELATIONS, FAIRE SOMBRER VOTRE UNION DANS LA MONOTONIE.
HA, HA, HA ! QUELLE SACRÉE SOIRÉE, ON VA S'ÉCLATER !!
LES SORTIES, ESCAPADES DE WEEK-END, ET AUTRES VACANCES SONT DES BOUFFÉES D'OXYGÈNE INDISPENSABLES...
ET SI ON ALLAIT À L'ÎLE MAURICE ?
C'EST SUR QUELLE CHAÎNE ?
... INDISPENSABLES POUR CONTINUER À SE SENTIR VIVANT, CROQUER LA VIE À PLEINES DENTS.
euh ?... c'est en francs ou en euros ?!

L'argent

L'ARGENT PERMET D'ÊTRE RECONNU SOCIALEMENT, DONNE DU POIDS À LA VIE.
IL EST BEAU ?
CH'SAIS PAS MAIS IL EST RICHE !!

"J'aurais préféré l'or !"

Bertrand Delanoë

LES FEMMES QUI TRAVAILLENT PEUVENT AUJOURD'HUI TENIR TÊTE À LEUR MARI. AUTONOMES, ELLES SONT MAÎTRESSES DE LEUR DESTIN.
PUISQUE C'EST COMME ÇA, J'TE QUITTE !
NON ! C'EST MOI !!
PREM'S !!
TRÈS BIEN, JE RESTE !
NON ! C'EST MOI !!

DEPUIS 1965, LA DONNE A DONC CHANGÉ. LIBRES DE SE DÉFAIRE, LES COUPLES ONT GAGNÉ EN AUTHENTICITÉ.
ET SI J'VEUX VOIR LES ENFANTS ?
OK ! TU PEUX EMPORTER L'ALBUM PHOTO !!

SEULEMENT VOILÀ, SI BIEN SOUVENT L'HOMME S'OCCUPE DE RÉGLER LES FACTURES...
AVEC UN CRÉDIT SUR VINGT ANS, ÇA DEVRAIT ÊTRE JOUABLE !!
AUTO Luxe

...IL LUI ARRIVE DE REPROCHER À SA FEMME SES DÉPENSES CONCERNANT LE QUOTIDIEN.
TU N'DEVINERAS JAMAIS C'QUE J'AI ACHETÉ !!
ENCORE DES CHAUSSURES ? MAIS T'AS COMBIEN D'PIEDS ?!
TU VAS NOUS RUINER !!
SHOES

Retournement de situation

"Hop !… Comme une crêpe !"

Suzette

DANS LE PASSÉ, LA SEXUALITÉ (COMME L'ARGENT) ÉTAIT L'APANAGE DE L'HOMME...
ALLEZ, ZOU ! ... TU PEUX ALLER TE COUCHER, C'EST L'HEURE DE TON DEVOIR CONJUGAL !!

...ET LES FEMMES ENFANTAIENT QUASIMENT "COUP SUR COUP".
ÇA FAIT COMBIEN DE TEMPS QUE TU CONNAIS TA DONZELLE ?!
HOULÀ ! ... DEPUIS PLUS DE DIX GOSSES !!
AUJOURD'HUI LA FEMME A LE POUVOIR DE DÉCIDER DE SA MATERNITÉ...
ET SI ON FAISAIT UN BÉBÉ ?!
ARGH ! ZUT ! J'AI PAS PRIS MES CAPOTES !!
...ET (SOUS L'INFLUENCE DU FÉMINISME) A DES EXIGENCES SUR SES RELATIONS SEXUELLES.
NON ! ON VERRA DEMAIN !!
demain matin ? à quelle heure ?!
EH OUI, MESSIEURS, VOICI PEUT-ÊTRE LÀ UNE REVANCHE INCONSCIENTE SUITE À DES MILLÉNAIRES DE TYRANNIE.
NON ! ON VERRA CE SOIR !!
m'enfin, tu sais bien que ce soir je n'suis pas là !!
BEN, JUSTEMENT !!
24

Un idéal féminin

"Moi, c'est la nana en tranches !"

Jack l'éventreur

LES ÉPOUSES VEULENT AVOIR AVEC LEUR MARI DES RELATIONS SEXUELLES DE QUALITÉ.
TIENS, MON BIZOUNOURS, J'T'AI ACHETÉ UN MASQUE DE GEORGE CLOONEY !!
?!

ALORS QUE L'HOMME, MOINS SOPHISTIQUÉ, PRIVILÉGIERAIT LA QUANTITÉ...
BON, ON REMET ÇA ?
OUAIS, C'EST ÇA, REMETS DONC ÇA !! ...
...EN ATTENDANT !!
...LA FEMME REVENDIQUE MANIÈRE DE S'Y PRENDRE ET FRÉQUENCE.
NON, TU SAIS BIEN QUE CELA ME DONNE DES MIGRAINES !!
T'AS QU'À METTRE UN CASQUE !!
COMME FORCER LA MAIN EST ASSIMILABLE À UN VIOL, MIEUX VAUT QUE LE MÂLE SE MONTRE À LA HAUTEUR LE MOMENT VENU...
PAS CHER, L'CADEAU D'NOËL !
...SOUS PEINE DE CONNAÎTRE UNE LONGUE TRAVERSÉE DU DÉSERT. UN "CERCLE VICIEUX" VIENT DE SE METTRE EN PLACE.
ECH'PECH' D'ÉCHACULATEUR PRÉCOCHE, VA !!
NON, JUSTE MANQUE D'ENTRAÎNEMENT J'DIRAIS !!

Couple et sexualité

Chacun son cinéma

"THX de préférence !"

George Lucas

LES MEDIAS, OUVRAGES ET AUTRES REVUES PEUVENT FAUSSER LES IDÉES.
TU VOIS, MÊME DANS "LIBÉ" IL ONT CONSACRÉ TOUT UN ARTICLE SUR LE "FIST-FUCKING"!!
OUÈLE!
UN POING, C'EST TOUT

LA VIE À DEUX RESSEMBLE RAREMENT À UN FILM HOLLYWOODIEN ET LES SONDAGES RESTENT DES SONDAGES.
DEBOUT, LA LAIDE AU BOIS RONFLANT, C'EST L'HEURE D'ALLER AU TAF !!
charmant !!
L'IDÉE QUE L'ON SE FAIT DU BONHEUR DES AUTRES EST ÉGALEMENT TROP SOUVENT IDÉALISÉE.
T'AS DE LA CHANCE QUE TON MARI NE SOIT PAS UN COUREUR DE JUPONS !!
BREF, CONTRAIREMENT À L'IMAGE QUE L'ON A, C'EST AUJOURD'HUI LA FEMME QUI DÉTIENT LE POUVOIR SEXUEL SUR L'HOMME.
PETITS, PETITS !!
EN GÉRANT LES RELATIONS "INTIMES", ELLE EST CAPABLE DE MENER MONSIEUR OÙ ELLE VEUT.
ENCORE!... ENCOOOORE!!!
HOULÀ! ...VA FALLOIR QUE J'APPELLE DES POTES!
26

L'adultère

"Ça trompe énormément !"

Elephant Man

À LA LONGUE, SI AU LIT LA LIBIDO N'EST PAS ASSOUVIE, LA TENTATION D'ALLER VOIR AILLEURS SERA FORTE.
TU SAIS, J'AI DES ENFANTS ET...
HOULÀ !... J'T'ARRÊTE TOUT D'SUITE, J'SUIS PAS PÉDOPHILE !!

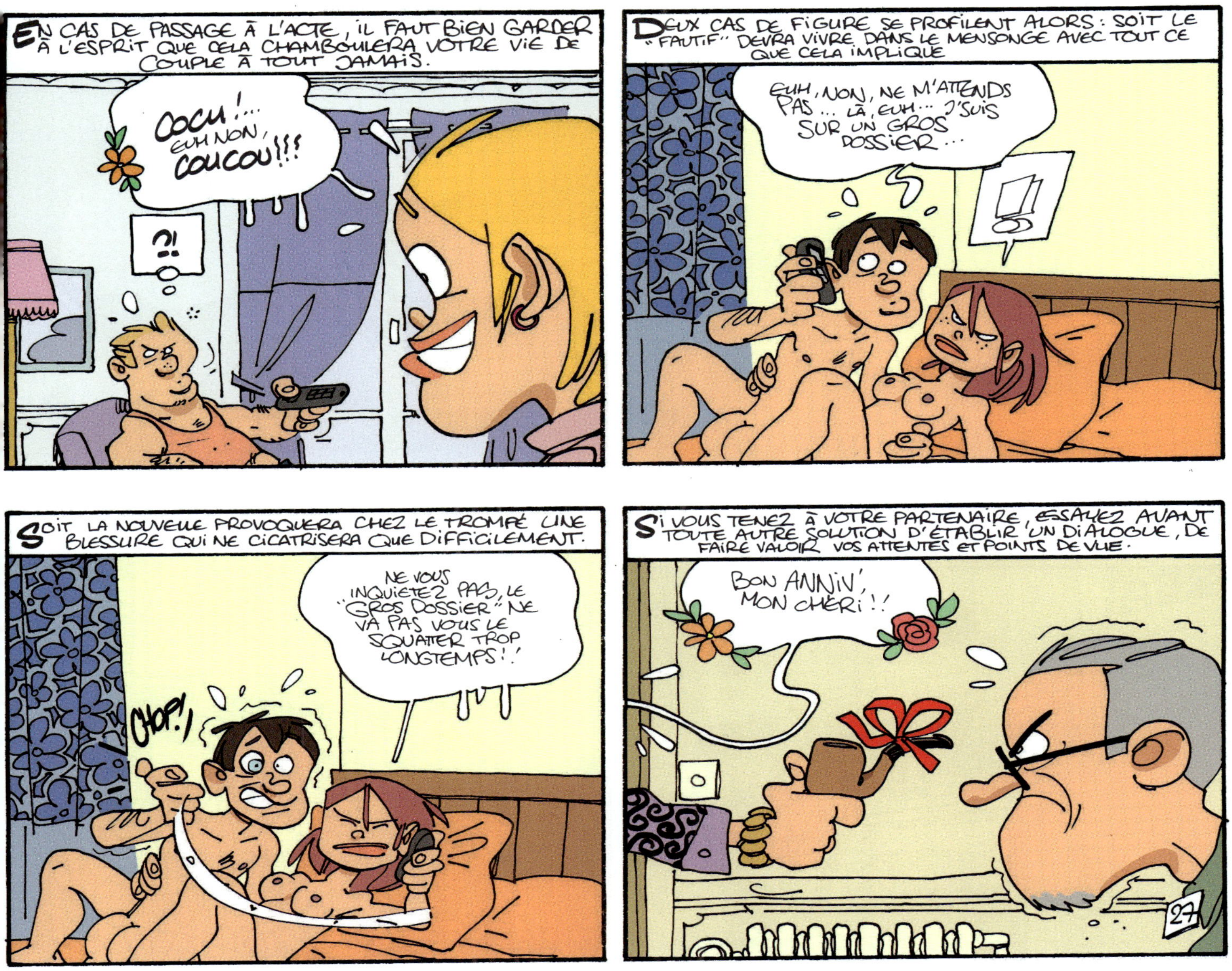
EN CAS DE PASSAGE À L'ACTE, IL FAUT BIEN GARDER À L'ESPRIT QUE CELA CHAMBOULERA VOTRE VIE DE COUPLE À TOUT JAMAIS.
COCU !... EUH NON, COUCOU !!!
?!
DEUX CAS DE FIGURE SE PROFILENT ALORS : SOIT LE "FAUTIF" DEVRA VIVRE DANS LE MENSONGE AVEC TOUT CE QUE CELA IMPLIQUE
EUH, NON, NE M'ATTENDS PAS... LÀ, EUH... J'SUIS SUR UN GROS DOSSIER...
SOIT LA NOUVELLE PROVOQUERA CHEZ LE TROMPÉ UNE BLESSURE QUI NE CICATRISERA QUE DIFFICILEMENT.
NE VOUS INQUIÉTEZ PAS, LE "GROS DOSSIER" NE VA PAS VOUS LE SQUATTER TROP LONGTEMPS !
CHOP !
SI VOUS TENEZ À VOTRE PARTENAIRE, ESSAYEZ AVANT TOUTE AUTRE SOLUTION D'ÉTABLIR UN DIALOGUE, DE FAIRE VALOIR VOS ATTENTES ET POINTS DE VUE.
BON ANNIV', MON CHÉRI !!

En toute logique 1+1=3 !

N'OUBLIONS PAS QUE LA SEXUALITÉ PEUT RENDRE PÈRE ET MÈRE UN HOMME ET UNE FEMME QUI S'AIMENT...
MAMOUR, ON VA BIENTÔT ÊTRE TROIS !!
QUOI ?!
T'AS ENCORE INVITÉ TA MÈRE ?!!
TEST GROSSESSE

"Tout était bien calculationné !"

Jean-Claude Vandamme

...ET CELA DONNE À LEUR AVENTURE HUMAINE UN PLUS CONSIDÉRABLE.
VA P'TÊT FALLOIR SONGER À INVESTIR !!
AH ?! TOI AUSSI T'AS REPÉRÉ LE NOUVEAU 4x4 MERCEDES ?!

L'ARRIVÉE DE L'ENFANT DYNAMISE LE COUPLE, L'AIDE À SE PROJETER DANS L'AVENIR, EXORCISE L'ANGOISSE DU TEMPS.
ARGH !! VIV'MENT QU'IL FASSE SES NUITS !! ...
OUIIINN !!
...Mouaip, qu'on fasse les nôtres !!

GRÂCE À LEUR PROGÉNITURE, LES ÉPOUX SAVENT QU'UNE PART D'EUX-MÊMES LEUR SURVIVRA DANS LE FUTUR
PLOMBIÈRE
DE PÈRE EN FILLE
Le roi du robinet

MAIS DANS CE CAS PRÉCIS, C'EST À NOUVEAU MADAME QUI DÉCIDE.
ET SI ON FAISAIT UN BÉBÉ ?!
TU RIGOLES ? J'AI ASSEZ DE TOI À M'OCCUPER !
CRIK!

Chacun ses armes

À chaudes larmes

"… de crocodile ?"

Lacoste

CERTAINES DE NOS ÉMOTIONS ONT UN CERTAIN POUVOIR SUR NOTRE CONJOINT.
WHA HA HA HO HO !!
ARRÊTE DE RIRE, ÇA M'AGACE !!

POUR SE DÉFENDRE, LES FEMMES ONT COMPRIS L'IMPORTANCE DES LARMES.
ARRÊTE DE CHIALER, ON NOUS R'GARDE !!
OUIIIN !! SNIIIIRF !!
ELLES PEUVENT LES UTILISER POUR ATTENDRIR, EXASPÉRER...
OUIIIN !!
JE SERAIS SI HEUREUSE QUE TU M'OFFRES CE JOLI BIJOU !!!
...DEUX ITINÉRAIRES PLUS OU MOINS DIRECTS POUR AMENER LEUR MARI À SE MONTRER DAVANTAGE CONCILIANT.
OUIIIN !
...
FACTURE
CETTE MÉTHODE EST RADICALE : CELUI QUI OSE FAIRE PLEURER NE PEUT ÊTRE QUE FAUTIF.
SNIIIRF !!
QUOI ?! KESKE J'AI ENCORE FAIT ?!

Fou furieux

"Ça m'a mis la rage !"

Louis Pasteur

La colère est très redoutée par les femmes…
Non ! Pas le visage !! J'viens de me faire lifter !!!
…

…Car beaucoup se sentent déstabilisées par la violence verbale des hommes.
CENSURÉ !!
Mais ?! Comment tu sais ?!!
La tension monte, l'homme explose…
AAARGH !! GRÂÂOOARR !!
Laisse-moi deviner… C'est le T-Rex dans Jurassic Park ?!
…Puis tout redevient calme, semble reparti comme à l'heure de la première rencontre.
Houlà !… Mais tu as l'air tendu !!
Ces "embrasement cycliques" (fréquents chez les couples très fusionnels) sont aussi un moyen de prendre un peu de distance.
f'est fur fe coup fi, j'en ai bien pour deux femaines d'hofto !!

Que du plaisir

"Encore heureux !"

Simplet

VIVRE EN COUPLE CORRESPOND À UN IDÉAL, À UNE RECHERCHE DE BONHEUR BIEN NATURELLE.
JE T'♡ !!
MON POULET !!
KIFFE ZE KEUF !

SEULEMENT VOILÀ, SI TOUT LE MONDE ASPIRE À UNE SYMBIOSE PARFAITE, PERSONNE N'Y ARRIVE À 100%.
TU SAIS, JEAN-LOUIS A PAS MAL DE DÉFAUTS !!
MOUAIS !... EN TOUT CAS, PRÉVIENS-MOI SI T'EN VEUX PLUS !!
CAFÉ
L'ÉQUILIBRE PSYCHIQUE DE CHACUN DES PARTENAIRES SERA DÉTERMINANT POUR MENER À BIEN LA RÉUSSITE D'UNE PAREILLE QUÊTE.
C'EST QU'T'AS UN TRUC À T'FAIRE PARDONNER ?!
L'ATTEINTE DE CET ÉQUILIBRE SE FAIT LENTEMENT DEPUIS L'ENFANCE JUSQU'À L'ÂGE ADULTE.
TU DANSES ?
BEN NON, TU VOIS BIEN QU'J'SUIS ASSISE !!
ET, SI C'EST EN FORGEANT QUE L'ON DEVIENT FORGERON, C'EST EN VIVANT À DEUX QUE L'ON DEVIENT UN COUPLE.
NON !... PAS UNE MAIS UN TRIVIAL POURSUITE !!
ah ?!

Main dans la main

"Les bras m'en tombent !"

La Vénus de Milo

C'EST EN VIVANT AU JOUR LE JOUR QU'UN HOMME ET UNE FEMME TRACERONT LEUR ROUTE.
À DROITE !
NON, À GAUCHE !
PROMOD
BRICORAMA

ROUTE PARSEMÉE D'EMBÛCHES AUXQUELLES ILS DEVRONT S'ADAPTER.
KESTU FOUS ? ... TU SAIS PAS LIRE UNE CARTE ?!
Ah ?... c'était dans ce sens-là ?!
SI DESCENDANCE IL Y A, L'UNE DES PREMIÈRES CHOSES À FAIRE EST D'ARTICULER RÔLE CONJUGAL ET RÔLE PARENTAL...
HOULA, T'ES PAS RÉVEILLÉ, TOI !!
AU CONTRAIRE, LA COUCHE SUR LA TÊTE, C'EST POUR FAIRE SOURDINE !
?!
QU'ON SOIT TRANQUILLES !! ... BOUGE PAS, J'ARRIVE !
... MÊME SI CES DEUX RÔLES SONT ASSEZ PROCHES, IL N'EN DEMEURE PAS MOINS QU'ILS ONT LEURS SPÉCIFICITÉS PROPRES.
TIENS, MOI J'L'AI DÉJÀ PORTÉ PENDANT NEUF MOIS !!
popo ?!
SNIRF ?!!
MAUVAISE SURPRISE : À L'ARRIVÉE D'UN ENFANT, VOTRE TANDEM PEUT SE VOIR DÉSÉQUILIBRÉ.
CHÉRI ? BÉBÉ T'APPELLE !!
OUIIN !!
QUE DALLE, C'EST TOI QUI EN AS VOULU UN !!!
32

Un nouveau-né

"Yi – iiih ! super mon nouveau nez !!"

Michaël Jackson

LA NAISSANCE PROVOQUE UN RÉAMÉNAGEMENT DES PLACES...
AGAD', ON POURRA CASER LE COUFFIN SUR LE CAISSON DE BASSES !!

...L'ENFANT OCCUPANT LARGEMENT L'ESPACE ET LE TEMPS.
SALUT TOUT L'MONDE !! J'DÉRANGE PAS ?!
SI !!
TROP ACCAPARÉES, CERTAINES FEMMES RISQUENT D'OUBLIER MOMENTANÉMENT QU'ELLES SONT ÉPOUSES...
¡LÉOU MON BÉBÉ D'AMOUR ?
HEIN, ¡LÉOU ?
IL PREND SA DOUCHE, POURQUOI ?
KSHiiii !
...S'OCCUPANT PLUS DE LEUR BÉBÉ QUE DE LEUR BONHOMME QUI PEUT SE SENTIR DÉLAISSÉ.
ET MOI ?!
VA T'FAIRE CUIRE UN OEUF !!
NT NT NT !
FAIRE VENIR AU MONDE UN ENFANT N'EST PAS ANECDOTIQUE, MIEUX VAUT À LA BASE FORMER UN COUPLE SOLIDE.
OUAIS, C'EST ÇA, VAS-Y, CROCHET DU DROIT !!
HA, HA ! TEL PÈRE, TEL FILS !!
BOM !
BOM !
33

Ainsi va la vie

Une nouvelle vie

"C'est clair !"

La Vie Claire

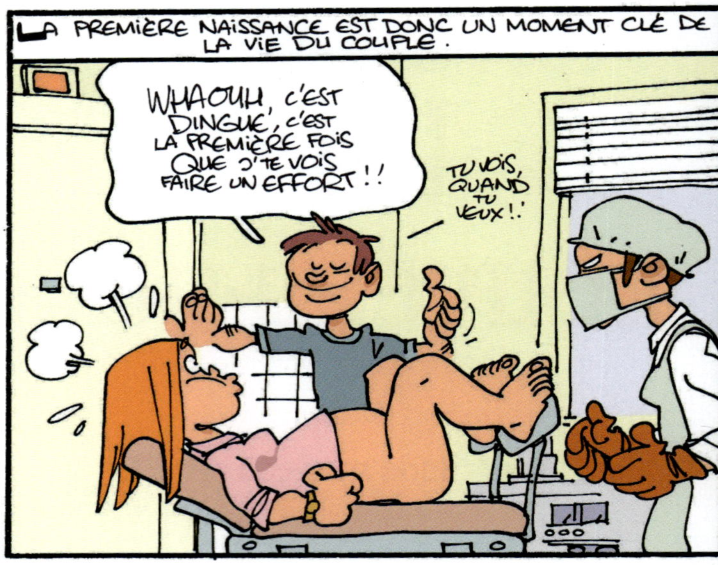
LA PREMIÈRE NAISSANCE EST DONC UN MOMENT CLÉ DE LA VIE DU COUPLE.
WHAOUH, C'EST DINGUE, C'EST LA PREMIÈRE FOIS QUE J'TE VOIS FAIRE UN EFFORT !!
TU VOIS, QUAND TU VEUX !!

L'UN ET L'AUTRE DOIVENT SAVOIR QUE RIEN NE SERA PLUS COMME AVANT.
TU SAIS, DEMAIN C'EST DIMANCHE ET LE DIMANCHE ON FAIT LA GRASSE MAT' !!
PAPA A RAISON !!

QUAND LA FAMILLE GRANDIT, LES PROBLÈMES MATÉRIELS RISQUENT DE DEVENIR PESANTS.
PFOU
HI, HI !

CES NOUVELLES PRÉOCCUPATIONS PEUVENT ENGENDRER DES TENSIONS.
PFOUU !! BON, TU OUVRES ?
NON, C'EST TOI QU'AS LES CLÉS !!
TU RIGOLES ?! J'T'AVAIS DIT DE T'EN OCCUPER !!

LÀ ENCORE, LA BONNE ENTENTE PASSERA PAR LE DIALOGUE.
PAF !
MMM ?!

Papa et partage

"Luke, rends-moi mon casque !"

Dark Vador

LES PÈRES PARTICIPENT, S'INVESTISSENT DANS LA VIE FAMILIALE TANT QUE L'ENFANT EST JEUNE.
HEIN QUE POUR NOËL UNE PLÉSTÉCHEUNE ÇA TE FERAIT PLAISIR !
... AVEC PLEIN DE JEUX DE CAISSES ET D'FOOT !!
GÂ?

CERTAINS DÉCROCHENT AU MOMENT DE LA PRÉ-ADOLESCENCE ...
PÔV CON !!
ARRÊTE ! J'CROIRAIS ENTENDRE TA MÈRE !!
... QUAND LEUR FILS OU FILLE DEVIENT PLUS AUTONOME ET QU'EUX-MÊMES SONT PRIS PAR LEUR VIE PROFESSIONNELLE
PA', QUELLE HEURE IL EST ?
CH'SAIS PAS, DEMANDE À TA MÈRE !!
C'EST ALORS QU'IL PEUT LEUR ÊTRE REPROCHÉ DE NE PAS FAIRE LEUR DEVOIR ...
EN TOUT CAS, TU POURRAIS T'OCCUPER DE SES DEVOIRS !!
Allons, mimine ! le p'tit est en maths-sup' !!
... DE LAISSER LEUR FEMME SEULE POUR S'OCCUPER DES ENFANTS.
TU T'RENDS COMPTE, IL NE S'EST MÊME PAS INSCRIT À LA F.C.P.E. !!
NON ?!
pas l'temps, soi-disant !!
total immature !!

Ainsi va la vie

Ne confondons pas…

"… Un poêle à mazout avec une pilosité excessive !"

Linda de Suza

ATTENTION, EN AUCUNE MANIÈRE LE PÈRE NE PEUT REMPLACER LA MÈRE, SON RÔLE SE SITUE AILLEURS.
JE VOUS ÉCOUTE, MA FILLE !!
VOT'FILLE ?!! PIS QUOI ENCORE J'POURRAIS ÊTRE TA MÈRE !!

UN COUPLE QUI FONCTIONNE EST UN COUPLE AU SEIN DUQUEL HOMME ET FEMME SONT COMPLÉMENTAIRES.
TU N'SERAIS PAS UN P'TIT PEU LOURD PAR HASARD ?!
OUPS!

QUAND LES REJETONS GRANDISSENT, LE "CHEF DE FAMILLE" N'A PAS DE MISSION MATERNANTE À ASSUMER.
COUCOU, BIQUOUNET ! JE T'AI PRIS UN "QUATRE-HEURES" !!
UN BÉCOT ?

ET S'IL PARTAGE AUTRE CHOSE QUE LES RÉVISIONS D'AVANT EXAMEN…
ET TOI, L'P'TIT DERNIER, T'AS PAS TON BEPC À POTASSER ?
PA'… J'SUIS EN SECONDE !

…CELA N'EST PAS POUR AUTANT DÉPOURVU DE RÔLE ÉDUCATIF. BIEN AU CONTRAIRE, C'EST STRUCTURANT POUR L'ENFANT !
T'AS FAIT TES DEVOIRS ?
NON, MAIS PAPA M'A MONTRÉ COMMENT ON PLANTE UN ORDI !! …
BUG
36

Ainsi va la vie

La confiance en toi

"Erreur, frérot !"

Caïn

CERTES, LES ENFANTS OBLIGENT À DES ADAPTATIONS DANS LA VIE DE COUPLE, MAIS ILS NE SONT PAS LES SEULS À PROVOQUER DES TENSIONS.
T'AS VU C'QUE J'AI RETROUVÉ SOUS NOT' LIT ?!
Bah !... tant qu'c'est l'mien !!

LE MANQUE DE CONFIANCE EN SOI A TOUJOURS RENDU LA VIE CONJUGALE DIFFICILE.
AU SEC ...GLOUB !!
HOULÀ, J'SAIS PAS SI J'SUIS CAPABLE DE TE SAUVER !
NOUS AVONS TOUS BESOIN D'ÊTRE RÉHABILITÉS, ADMIRÉS RASSURÉS PAR L'AUTRE. NOUS DEVONS DONC RASSURER ET ADMIRER NOTRE CONJOINT...
C'QUE J'PRÉFÈRE DANS TON REGARD ... C'EST MON REFLET !!
...
...ALORS QUE BIEN SOUVENT NOUS PASSONS NOTRE TEMPS À NOUS REGARDER LE NOMBRIL.
J'SAIS PAS C'QUI A PU T'ATTIRER CHEZ MOI !!
MOUAIP, J'ME L'DEMANDE ENCORE !
IL FAUT DONC SE DÉCENTRER QUELQUE PEU POUR RÉCOLTER LES FRUITS DE L'ÉQUILIBRE.
SUPER !... TU VAS VOIR AILLEURS SI J'Y SUIS ?!
TOUT JUSTE !
HOHO ! TU VAS ÊTRE DÉÇUE !!
37

Le parasite

"Coucou !"

Bernard L'Hermite

COMME PARTOUT, IL FAUT TROUVER LE JUSTE MILIEU...
T'AURAIS PAS GRANDIS, TOI ?!

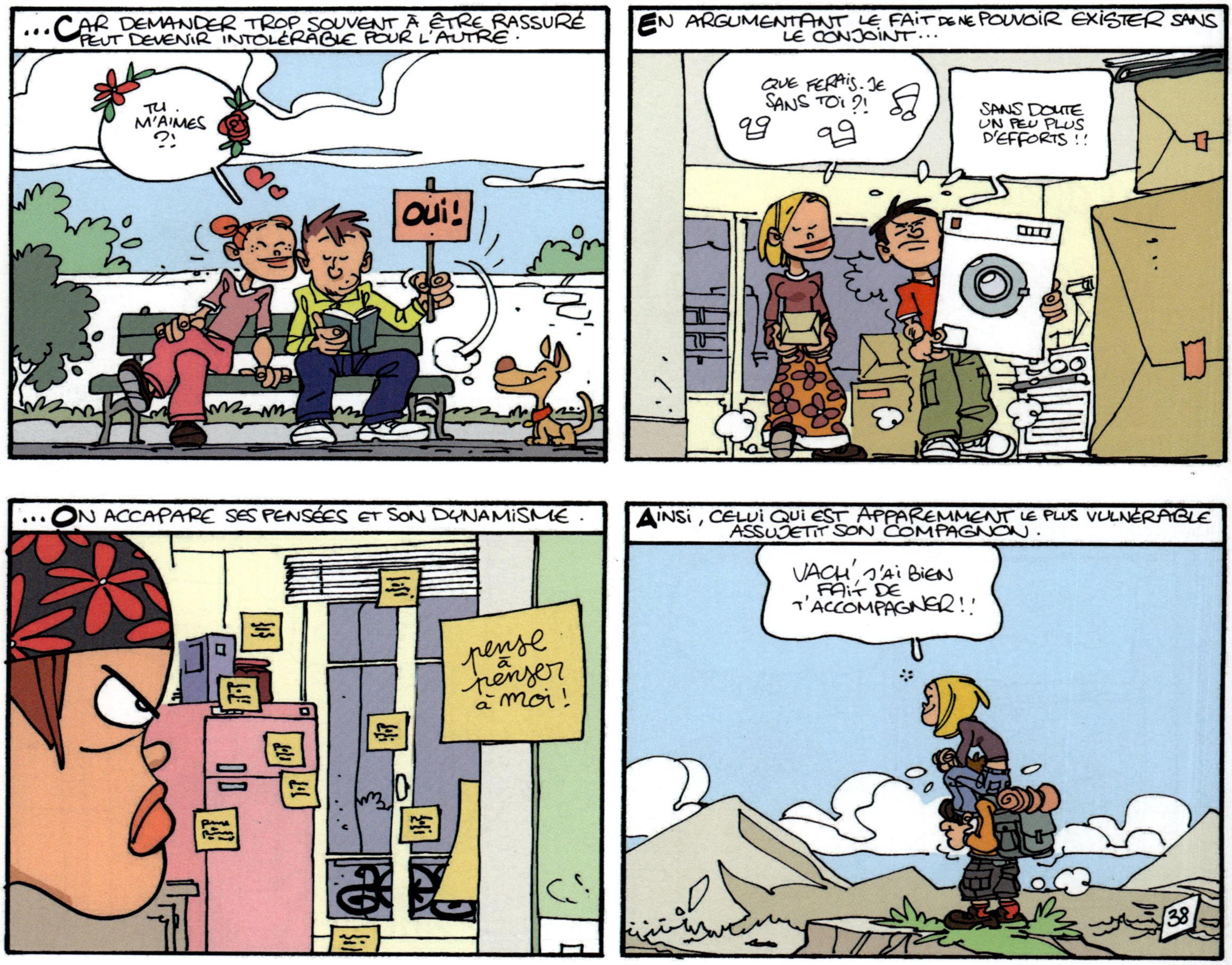
...CAR DEMANDER TROP SOUVENT À ÊTRE RASSURÉ PEUT DEVENIR INTOLÉRABLE POUR L'AUTRE.
TU M'AIMES ?!
OUI !
EN ARGUMENTANT LE FAIT DE NE POUVOIR EXISTER SANS LE CONJOINT...
QUE FERAIS-JE SANS TOI ?!
SANS DOUTE UN PEU PLUS D'EFFORTS !!
...ON ACCAPARE SES PENSÉES ET SON DYNAMISME.
pense à penser à moi !
AINSI, CELUI QUI EST APPAREMMENT LE PLUS VULNÉRABLE ASSUJETIT SON COMPAGNON.
VACH', J'AI BIEN FAIT DE T'ACCOMPAGNER !!
38

Métro, boulot...

"... Dodo !"

Le marchand de sable

POUR CASSER LA ROUTINE, IL EST NÉCESSAIRE DE SE METTRE QUELQUES INSTANTS ENTRE PARENTHÈSES...
Tiens... tu n'es pas au foot à c't'heure ?!
?

...DE SE CENTRER SUR LES ATTENTES DE L'AUTRE AFIN D'Y REMÉDIER.
CADEAU !... DE QUOI ENREGISTRER TES MATCHS DE FOOT !
... COMME ÇA ON VA POUVOIR SORTIR !!
GÉNIAL ! ON VA AU STADE ?
À LA LONGUE ON NE SAIT PLUS ÉCOUTER SON CONJOINT.
Bonjour, je m'appelle Lucien et ça fait 25 ans que ma femme me saoule
BONJOUR, LUCIEN !!!
ALCOOLIQUES ANONYMES
SURTOUT SI SA REQUÊTE REMET PLUS OU MOINS DIRECTEMENT EN CAUSE VOTRE FAÇON D'ÊTRE ET D'AGIR.
MAIS ?... TU M'ÉCOUTES ?!
HEIN ?
EN RESTANT ATTENTIF L'UN À L'AUTRE, VOUS VOUS OUVRIREZ DE NOUVEAUX HORIZONS.
JE DISAIS QU'IL FAUDRAIT COMMENCER PAR REFAIRE LA CUISINE !!
COOL !... J'AVAIS JUSTEMENT UN P'TIT CREUX !!

Ainsi va la vie

Tu me fais de l'ombre

"Même pas vrai !"

L'homme invisible

L'UN DES SECRETS DE LA RÉUSSITE DU COUPLE EST D'ÉVOLUER SANS MENACER L'AUTRE.
ET COMMENT TU TROUVES MA FEMME ?!
BEN... BIEN SOUVENT DU CÔTÉ DES FOURNEAUX !!

IL NE FAUT PAS OUBLIER QUE LE JOUR OÙ L'ON EST TOMBÉ AMOUREUX...
KISS !
SHOT !
...ON A ACCEPTÉ DE SORTIR DE SON UNIVERS POUR S'ÉPANOUIR AU CONTACT D'AUTRES RÉALITÉS.
ALORS, PARAÎT QUE TON PÈRE EST ENTRAÎNEUR AU PSG ?
...
UN BON GARDIEN D'BUT, ÇA L'BRANCHE ?
GRRR !
COMME DISAIT L'AUTRE "AVEC LE TEMPS VA, TOUT S'EN VA..."
MORT DE RIRE : PAPY AVEC DES CH'VEUX !!
C'ÉTAIT POUR UN MARDI GRAS ?!
BAH !... TON TOUR VIENT !
ALBUM PHOTOS
NE LAISSEZ PAS VOUS ENVAHIR LE SENTIMENT QUE VOTRE CONJOINT NE PEUT PLUS VOUS ENRICHIR.
TIENS, T'AS QU'A TAPINER LÀ, DORÉNAVANT !!
ASSOCIATION DE MALVOYANTS
40

Solide comme un roc

"Tabernacle !"

Rock Voisine

LA VIE DE COUPLE EST UNE SORTE DE PARI À RELEVER.
SACRÉ PIRATE ! ... ÇA C'EST DU THON !!
...

DEUX PERSONNES QUI ONT CHACUNE LEUR CARACTÈRE, LEURS DIFFÉRENCES...
HA, HA !... TU PROMÈNES TON FAIRE-VALOIR ?!
...
... DOIVENT S'ADAPTER L'UNE À L'AUTRE AFIN DE VIVRE ENSEMBLE EN TOUTE HARMONIE.
AU MOINS, J'FINIRAIS PAS COCUE !!
SI LE COUP DE FOUDRE DURE LE TEMPS D'UN FEU DE PAILLE...
CHAUD DEVANT !
KSHIIII !!
... L'AMOUR DURABLE AIDE À CONSTRUIRE UNE RELATION SOLIDE.
AGLA GLA !
41

Une bonne entente

"Comment ?"

Ludwig von Beethoven

"S'ENTENDRE", TOUT EST LÀ.
JE TE DISAIS D'Y ALLER MOLLO !...
AH !... "MOLLO", PAS "FRANCO" !!

LA PAROLE, BEAUCOUP PLUS QUE LA SEXUALITÉ, EST LE REFLET ESSENTIEL DE LA RÉUSSITE CONJUGALE.
BLA, BLA, BLA, BLA, BLBLBLA, PATATI, PATATA PATA, BLABLA, BLA, BL...
C'EST BON, J'AI PLUS ENVIE !!
"ON NE SE PARLE PLUS" RESSEMBLE AU DÉBUT DE LA FIN.
ALORS, DÉDÉ... ON FAIT DU BOUDIN ?!
BOUCHERIE
LA PAROLE PERMET DE TROUVER LA BONNE DISTANCE ENTRE LA FUSION ET L'AUTONOMIE DES PERSONNES.
ATTENDS CINQ SECONDES !
5...4... 3...2...
C'EST DANS CE DOMAINE QUE LE COUPLE RÉUSSIT OU ÉCHOUE.
À la mort pour la vie
42

En conclusion

Et l'avenir ?

"No futur !"

Sid Vicious

L'APPROCHE DES ENFANTS AU NIVEAU DU SYSTÈME PÉDAGOGIQUE A BEAUCOUP ÉVOLUÉ.
IL SERA AVOCAT!
AH, NON! JAMAIS MON FILS FINIRA EN LÉGUME!!

DÉSORMAIS CE N'EST PLUS À LA BAGUETTE QU'ON LES FAIT AVANCER...
BAF!
TIENS, ÇA T'APPRENDRA À DIRE DES CONNERIES!
UN BON CAP, Y A QU'ÇA D'VRAI!!
MÈRE INDIGNE, VA!
...MAIS EN USANT DE DIPLOMATIE, D'INTELLIGENCE.
ALLÔ, FISTON?
TA MÈRE AVAIT RAISON, CE SERAIT BIEN QUE TU FASSES DES ÉTUDES D'AVOCAT ... POUR AIDER TON PAPA!!
?!
IL Y A DONC FORT À PARIER QUE, DEVENUS GRANDS, ILS ADOPTERONT UN COMPORTEMENT DIGNE DE LEUR ENSEIGNEMENT...
BOAH!... QUE DALLE!!
un CAP serrurier devrait suffire!!
...
...UN ENSEIGNEMENT QU'ILS METTRONT À PROFIT POUR VIVRE HEUREUX EN ACCEPTANT LES DIFFÉRENCES.
WHAOUH!... TROP TOP LA CYBER-NANA À TÉLÉCOMMANDE!!
1550€
YOMAN

En conclusion

Plaisir d'amour

"… Dure toute la vie – i – e !"

Mathusalem

EH BIEN VOILÀ, CETTE BD TOUCHE À SA FIN. QUE VOUS SOYEZ EN COUPLE OU DÉSIREZ L'ÊTRE…
pas la peine …
HA, HA HA !
J'suis déjà plusieurs !!

…VOUS VOILÀ MAINTENANT PEUT-ÊTRE PLUS APTE À SAVOIR NÉGOCIER LES CONFLITS AU QUOTIDIEN. VIVRE À DEUX EST BIEN PLUS QU'UN CHALLENGE, C'EST L'ESSENCE MÊME DE LA VIE.
Fin
JE T'AIME !!
OUI, MOI AUSSI JE M'AIME !!
44

Dépôt légal : avril 2006
Achevé d'imprimer en France
par Pollina en février 2008 - L45863